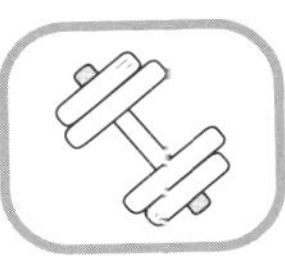 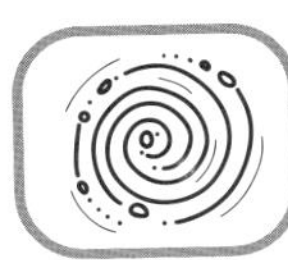   

Inhaltsverzeichnis

Vorwort

Liebe Erzieher*innen,

ist es nicht immer wieder faszinierend, in den Sternenhimmel zu schauen und sich vorzustellen, man selbst wäre unterwegs zu fernen Galaxien, würde schwerelos treiben und durch den Weltraum reisen? Das geht auch Kindern so. Raumfahrer*innen haben eine starke Anziehungskraft und fordern die Fantasie der Kinder heraus. Sich selbst wegdenken, besondere Kräfte haben, rasend schnell durch die Dunkelheit sausen, auf fremden Planeten herumhopsen, glitzernde Sterne funkeln sehen – all das ist verlockend und lässt sich spielerisch und auch ästhetisch wunderbar in einem Projekt für Kinder umsetzen.

Mit diesem Heft kommen wir den Kindern in diesem Interesse entgegen: Sie probieren aus, wie es ist, schwerelos zu sein. Sie stellen energiereiche Nahrung her und trainieren selbst für die Reise ins Weltall. Ganz nebenbei erfahren sie noch eine Menge über den Weltraum, die Planeten und darüber, wie man ein*e Astronaut*in wird. Ein selbst gebasteltes Fernglas und selbst hergestellte Meteoritenbilder sind natürlich auch dabei. Und glauben Sie nicht, dass beim Raketenstart-Lied eine Rohkostrakete startet! Die gibt es später. Ein Weltraumlabyrinth rundet das Angebot ab.

Ich wünsche Ihnen viel Spaß und mit Ihren Kindern einen guten Flug durch das Weltall – mit vielen Entdeckungen und spannenden Geschichten.

Herzliche Grüße

Mareike Brombacher

Hinweis: Liebe Fachkraft, wir möchten in unseren Materialien niemanden benachteiligen oder diskriminieren. Daher nutzen wir unter anderem das Gendersternchen, um alle Geschlechter anzusprechen. Auf Arbeitsblättern für Kinder verzichten wir jedoch aus Gründen der besseren Lesbarkeit darauf und nutzen weiterhin entweder die „neutrale“ Form oder Doppelformen. Selbstverständlich sind stets alle Geschlechter gemeint.

Vorbemerkungen

Zu den verwendeten Symbolen

Hauptkategorien:

Wie sieht ein Astronaut aus?

Astronautentraining

Leben im Weltraum

Raketenflug

Mondlandung

Sterne und Planeten

Bildungsbereiche:

 Sprachliche Bildung

 Musikalische Bildung

 Ästhetische Erziehung

 Umwelt-, Sach- und Naturbegegnung

 Sozialerfahrung

 Gesundheit und Ernährung

 Mathematische Bildung

 Wahrnehmung und Entspannung

 Körpererfahrung und Bewegung

Tipps und Anregungen zu den Angeboten

Die einzelnen Angebote sind nicht nach Bildungsbereichen, sondern nach Themen sortiert. Innerhalb der Themen bauen die Angebote aufeinander auf. Selbstverständlich können auch nur einzelne Aufgaben mit den Kindern bearbeitet werden.

Zu „Der Astronaut mit seiner Rakete", S. 8:

Schneiden Sie für kleinere Kinder alle Teile aus und lassen Sie sie probieren, ob sie passen.

Zu „Das große Astronautentraining", S. 10 / 11:

Schauen Sie selbst, wie lange Sie die jeweilige Übung machen möchten – dies hängt von der Ihnen zur Verfügung stehenden Zeit ab, aber auch von der Konzentrationsfähigkeit und dem Alter der Kinder. Je jünger, umso kürzer die jeweilige Einheit.
Die Vorlage (s. S. 4) können Sie bei Bedarf auch größer kopieren.

Zu den Rezepten S. 15:

Bitte achten Sie bei den Rezepten auf eventuelle **Lebensmittelunverträglichkeiten** bei den Kindern.

Vorbemerkungen

Für die Rohkost-Raketen (s. S. 15) kann alternativ auch Obst verwendet werden: Dabei Bananen und Äpfel in Scheiben schneiden, Äpfel weiter in Dreiecke schneiden, Pflaumen oder anderes Obst halbieren. Als Raketenspitze könnte eine Traube dienen. Alles wie beim Gemüsespieß aufspießen und dann die Rakete genießen.

Zu „Schwerkraft – ein Experiment" und „Schwerelosigkeit", s. S. 16:

Beide Angebote können gut hintereinander durchgeführt werden, da sie Kindern den Unterschied zwischen der Schwerkraft auf der Erde und der Schwerelosigkeit im Weltall schön verdeutlichen.

Zu „Ich sehe die Welt von oben wie ein Astronaut", s. S. 24:

Erklären Sie den Kindern im Vorfeld, dass Astronauten weit weg von der Erde sind, wenn sie ins Weltall fliegen. Sie sehen die Welt von oben und vieles sieht dann aus der Entfernung und von oben ganz anders aus, als wir es sonst sehen. Nun dürfen die Kinder es selbst einmal probieren.

Zu „Das große Astronautentraining", s. S. 11:

Mein Trainings-Check-Ausweis

Name: ______________________________

1. Raketenstart	2. Ausdauer	3. Geschwindigkeit	4. Gleichgewicht
5. Schwindel	6. Geschicklichkeit	7. Hüpfen	8. Landen

Was wisst ihr alles über die Kleidung der Astronauten?

ab 4 Jahren

Material:

Bildkarte „Astronaut“

Vorbereitung:

Kopieren Sie die Bildkarte eventuell auf DIN A5 hoch.

Arbeitsanleitung:

Setzen Sie sich mit den Kindern in einen Stuhlkreis. Legen Sie die Bildkarte „Astronaut“ in die Mitte auf den Boden. Sammeln Sie mit den Kindern Ideen, wie ein Raumanzug aussehen muss, damit Menschen mit ihm im Weltall überleben können. Sie können den Kindern Fragen stellen und so ihr Wissen über Astronauten, den Weltraum und Raumanzüge erfahren. Dabei können Sie die Kinder mit dem Wissen aus dem folgenden Infotext unterstützen und Fragen beantworten.

Informationen über Astronauten:

Das Wort „Astronaut“ bedeutet „Sternfahrer“. In Russland sagt man „Kosmonaut“, in China „Taigonaut“.

Wenn die Astronauten in den Weltraum fliegen, tragen sie an Bord des Raumschiffs einen feuerfesten Raumanzug. Im Weltall wird ein Astronaut durch seinen Raumanzug geschützt. Dort ist es sehr kalt und es herrscht eine starke Strahlung. Der Luftdruck ist ebenfalls anders und es gibt keine Schwerkraft.

Unter dem Raumanzug tragen Astronauten Unterwäsche mit eingenähten Schläuchen. Damit kann der Raumanzug gewärmt oder gekühlt werden. Darüber trägt der Astronaut einen Anzug aus Neopren. So kann keine Luft entweichen. Die äußersten Schichten des Raumanzugs sind feuerhemmend und mit Aluminium beschichtet. So werden Sonnenstrahlen abgewiesen.

An dem Anzug der Astronauten befinden sich viele Schlaufen und Ösen, daran werden verschiedene Werkzeuge befestigt, die in der Raumkapsel oder auch bei einem Weltraumspaziergang benötigt werden.

Auf dem Kopf trägt ein Astronaut einen kugelförmigen Helm. Er wird luftdicht an den Anzug angeschlossen. Menschen können im Weltraum nicht atmen, weil es dort keinen Sauerstoff gibt. Deshalb haben Astronauten Sauerstoffflaschen auf dem Rücken. Diese werden an den Raumanzug angeschlossen.

Mein eigener Astronautenhelm

ab 4 Jahren

Material:
Tapetenkleister, Wasser, Schüssel oder Eimer, Rührstab, Zeitungspapier, je Kind 1 Luftballon, kleinere Schüsseln oder Schalen, in denen der Luftballon aufgeblasen stehen kann, je Kind 1 dicker Pinsel, Malkittel, Abtönfarben, dicke Malpinsel oder Schwämme, Schere, evtl. silbernes Klebeband

Vorbereitung:
Blasen Sie für jedes Kind einen Luftballon auf und knoten Sie ihn zu. Stellen Sie die Luftballons jeweils in ein kleines Schüsselchen. Rühren Sie den Tapetenkleister nach Packungsanleitung an. Geben Sie etwas weniger Wasser hinzu als angegeben, damit die Zeitungsstücke gut auf dem Luftballon kleben. Reißen Sie das Zeitungspapier in ca. 5 cm breite Streifen.

Arbeitsanleitung:

1. Die Kinder ziehen sich die Malkittel an. Nun bekommt jedes Kind einen Luftballon in einer Schüssel. Die Kinder tragen nun selbst mit einem dicken Pinsel den Kleister auf den Luftballon auf. Der untere Bereich wird nicht eingekleistert. Anschließend wird an dieser Stelle eine entsprechende Öffnung passend für den Kopf des Kindes hineingeschnitten.
2. Nun werden die Zeitungsstreifen aufgelegt und mit den Händen glattgestrichen. Achten Sie darauf, dass die Kinder die Streifen so aufbringen, dass die Stücke sich immer ein wenig überlappen. Direkt danach wird eine weitere Schicht aufgetragen. Nun muss alles über Nacht trocknen.
3. Am nächsten Tag können Sie weitere Schichten aufbringen, am besten sind noch einmal zwei Schichten. Achten Sie darauf, dass die Oberfläche möglichst eben und glatt wird. Zum Schluss lassen Sie alles noch einmal gut durchtrocknen.
4. Schließlich wird der Knoten des Ballons abgeschnitten, die Reste des Ballons aus dem Helm entfernt und der Helm an der offenen unteren Seite so aufgeschnitten, dass ein Kinderkopf hindurchpasst.
5. Nun dürfen die Kinder ihren Astronautenhelm in ihrer Wunschfarbe anmalen. Da Astronautenhelme meistens weiß sind, bietet sich diese Farbe an, allerdings sind der Fantasie eigentlich keine Grenzen gesetzt. Wenn Sie einen Schwamm zum Einfärben verwenden, erhalten Sie schneller und gründlicher ein Ergebnis.
6. Lassen Sie die Farbe trocknen und schneiden Sie zum Schluss vorne eine große Öffnung hinein, durch die das Kind gut schauen kann, wenn es den Helm trägt. Die Schnittkante sollte mit silbernem Klebeband verschönert werden, um die eventuell harten Schnittkanten in der Nähe des Gesichts abzurunden.

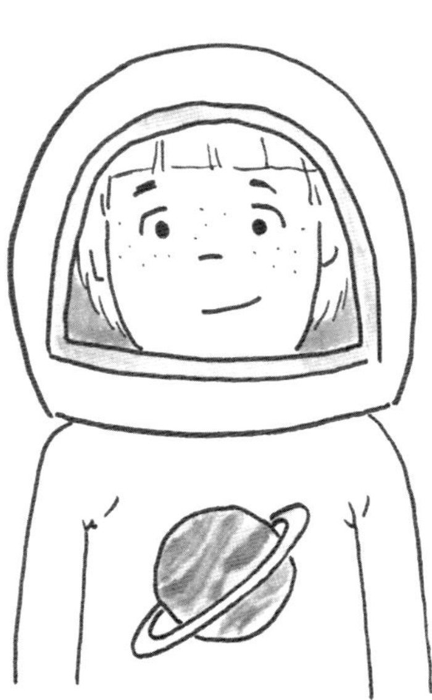

Wie fühlt es sich an, in einem Raumanzug zu stecken?

ab 3 Jahren

Material:

Winterjacke, 1 Paar Stiefel, Handschuhe, Schneehose, Astronautenhelm (s. S. 6) oder Fahrradhelm, Kreppklebeband, Murmeln, Turnkasten, Turnmatte, 2 Schalen

Vorbereitung:

Das Angebot sollte im Gruppenraum durchgeführt werden, damit die Kinder zum Bücherregal gehen können. Kleben Sie für die Kinder eine Linie mit Kreppklebeband (etwa 2 m, bitte dem Platz im Raum anpassen) auf den Boden und stellen Sie einen Turnkasten bereit. Außerdem liegt eine Turnmatte auf dem Boden. Markieren Sie mit dem Kreppklebeband in einigem Abstand eine Startlinie auf dem Boden. Auf den Tisch stellen Sie eine Schale mit Murmeln sowie eine leere Schale.

Arbeitsanleitung:

- Die Kinder setzen sich an den Tisch. Erklären Sie den Kindern, dass Astronauten sehr dick eingepackt sind und sich mit dem Raumanzug nicht so gut bewegen können. Die Kinder bekommen nun ein paar Aufgaben und können ausprobieren, ob sie diese im Raumanzug schaffen können.
- Hierfür ziehen sich die Kinder ihre Stiefel, Winterjacken und Schneehosen an. Dann setzen sie den Helm auf. Wenn er gebastelt wurde, kann das gerne der Astronautenhelm sein. Alternativ kann ein Fahrradhelm verwendet werden. Zum Schluss ziehen die Kinder Handschuhe an.

Aufgaben im Raumanzug:

1. Balanciere auf der Linie! (Kreppklebeband)
2. Nimm eine Murmel aus der einen Schale und lege sie vorsichtig in die andere Schale.
3. Krabble auf allen vieren zur Turnmatte und setze dich im Schneidersitz darauf.
4. Klettere auf den Turnkasten und stelle dich hin.
5. Hole ein Bilderbuch aus dem Regal und schlage die erste Seite auf.

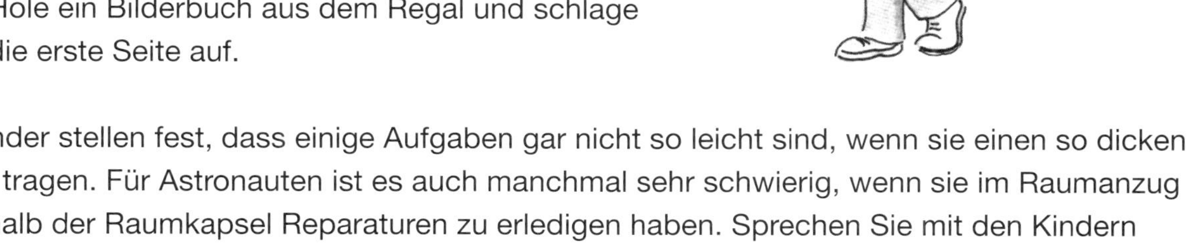

Die Kinder stellen fest, dass einige Aufgaben gar nicht so leicht sind, wenn sie einen so dicken Anzug tragen. Für Astronauten ist es auch manchmal sehr schwierig, wenn sie im Raumanzug außerhalb der Raumkapsel Reparaturen zu erledigen haben. Sprechen Sie mit den Kindern über ihre Erlebnisse.

Der Astronaut mit seiner Rakete

ab 4 Jahren

Im Bild fehlt ein Puzzleteil. Welches ist das richtige?

Achte auf die Form!

Schneide es aus und klebe es auf.

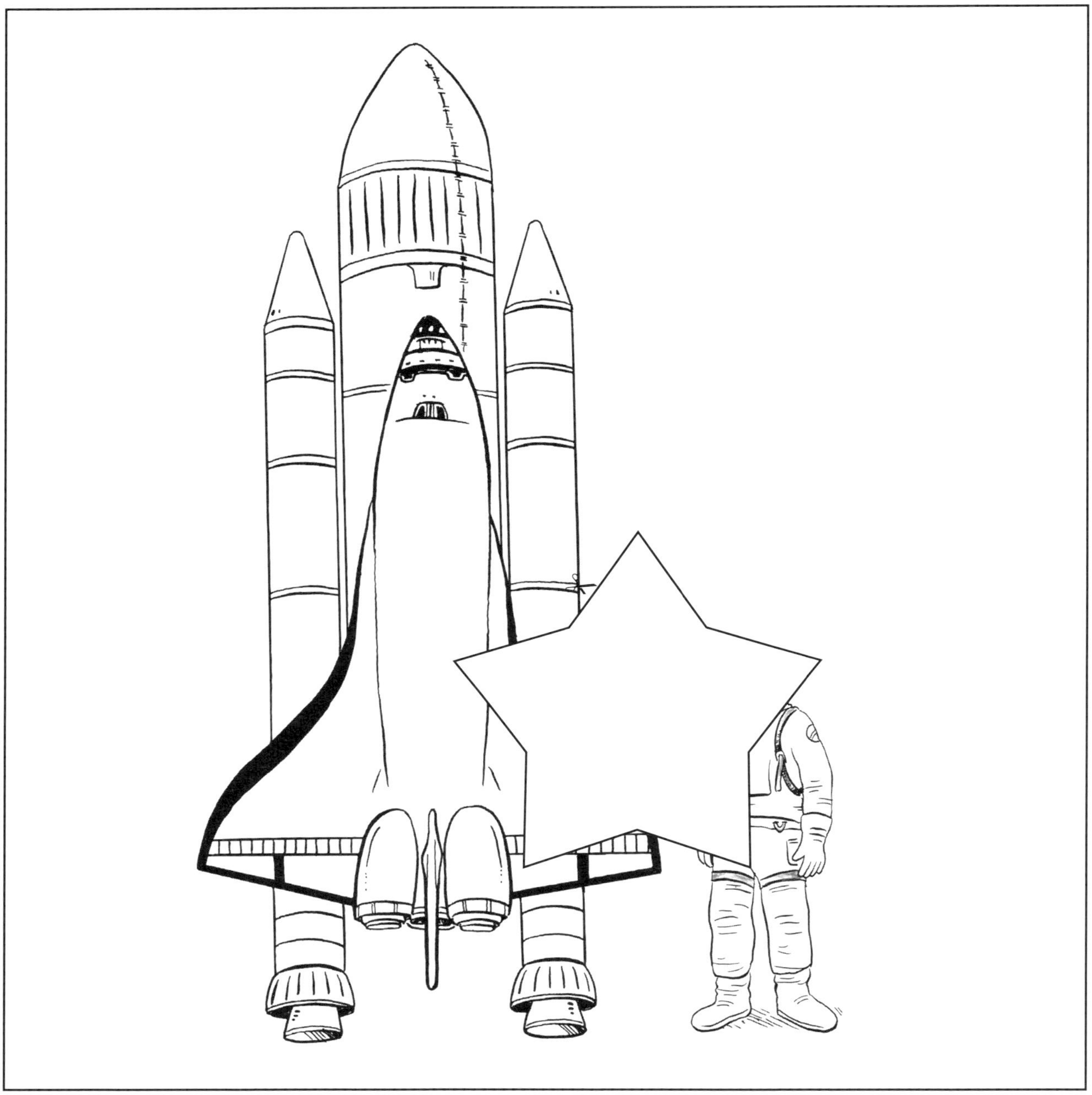

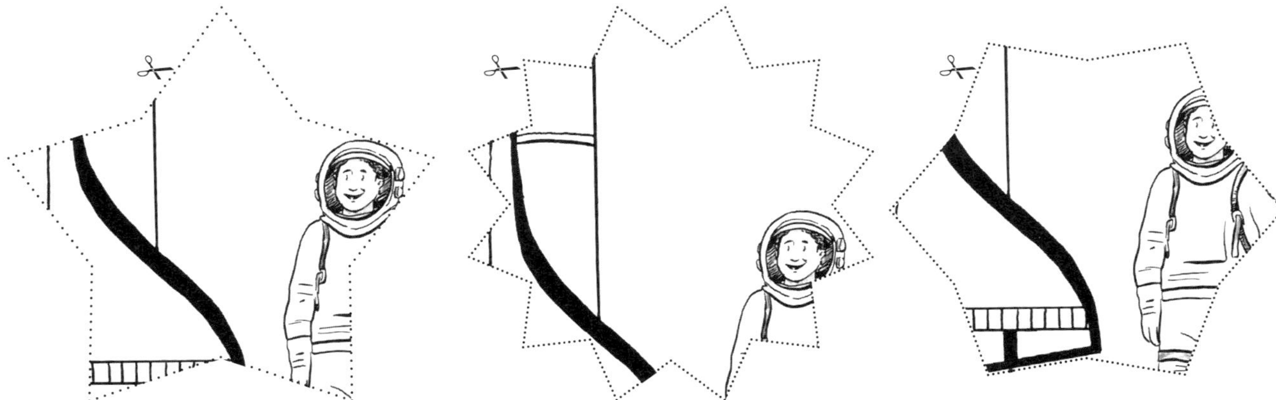

Raketenstart-Lied

ab 2 Jahren

Melodie: traditionell nach: „Hopp, hopp, hopp, Pferdchen lauf Galopp“ von Carl Gottlieb Hering, 1809
Text: Mareike Brombacher

2. Zisch, bums, knall, wir fliegen jetzt ins All!
Ich kann da vorn den Mond schon sehn,
wie wird’s wohl mit der Landung gehn?
Zisch, bums, knall, wir fliegen jetzt ins All!

3. Zisch, bums, knall, wir fliegen jetzt ins All!
Wir landen und dann gehen wir
durch all die vielen Krater hier.
Zisch, bums, knall, wir fliegen jetzt ins All!

4. Zisch, bums, knall, wir fliegen jetzt ins All!
Schnell, komm, wir müssen jetzt zurück,
Den Weltraum quern ein weites Stück,
Zisch, bums, knall, wir fliegen jetzt ins All!

5. Zisch, bums, knall, wir fliegen jetzt ins All!
Da unten ist die Erde schon,
wie’n runder, blauer Luftballon,
Zisch, bums, knall, wir fliegen jetzt ins All!

6. Zisch, bums, knall, wir fliegen jetzt ins All!
Jetzt sind wir wieder angekommn,
und die Familien warten schon,
Zisch, bums, knall, jetzt waren wir im All!

Das große Astronautentraining (1)

ab 3 Jahren

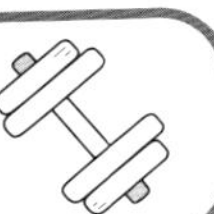

Material:
Löffel, je Kind 1 Murmel, 2 Schalen, Turnbänke, ggf. Balance Board und Wackelkissen, Turnringe, Kopiervorlage „Mein Trainings-Check-Ausweis“ (s. S. 11), Stempel oder Kugelschreiber, Springseile

Vorbereitung:
Kopieren Sie die Trainings-Check-Ausweise für jedes Kind einmal. Beschriften Sie die Ausweise mit dem Namen der Kinder. Halten Sie den Stempel oder einen Kugelschreiber bereit, mit dem die Aufgaben, wenn sie gemeistert wurden, abgestempelt oder abgehakt werden.
Bauen Sie die vierte Station zum Gleichgewichtstraining mit den Ihnen zur Verfügung stehenden Geräten auf. Halten Sie für die anderen Stationen die Springseile, eine Schale mit Murmeln und eine leere Schale sowie die Löffel und die Ringe für die achte Station bereit. Die Matten und Turnringe verteilen Sie auf dem Boden. Die Aufgaben für die Stationen 1 – 3 und 7 können die Kinder gleichzeitig durchführen. Die anderen Stationen machen die Kinder nacheinander. Nach jeder Station sollen die Kinder einen Stempel oder Haken in ihren Trainings-Check-Ausweis erhalten. In dieser Zeit kann eine Station weggeräumt und die nächste aufgebaut werden.

Arbeitsanleitung:
Die Kinder setzen sich auf den Boden des Turnraums. Erklären Sie ihnen, dass Menschen, die Astronaut werden wollen, an der Universität studieren und viel lernen. Außerdem müssen Astronauten viel trainieren, um ihren Körper auf die anstrengende Reise und den Aufenthalt im All vorzubereiten. Die Kinder machen heute auch ein solches Training, damit sie fit werden für den Raketenstart. Geben Sie jedem Kind einen Trainings-Check-Ausweis.

Astronautentraining

1. **Raketenstart-Training:**
   Sagen Sie den Kindern, dass Sie prüfen wollen, ob sie für einen Weltraumflug geeignet sind. Dazu üben alle erst einmal den Raketenstart.
   Alle Kinder gehen dazu in die Hocke und formen mit ihren Händen die Spitze einer Rakete über dem Kopf. Gemeinsam zählen wir herunter: 10 – 9 – 8 – 7 – 6 – 5 – 4 – 3 – 2 – 1 – Start!
   Nun springen die Kinder aus der Hocke so hoch, wie sie können, und rennen – mit den Händen die Raketenspitze auf dem Kopf darstellend – durch die Halle.
2. **Ausdauertraining:**
   Astronauten müssen eine gute Ausdauer haben. Wie sieht es denn mit der Ausdauer der Kinder aus?
   Die Kinder rennen hintereinander im Kreis herum, so lange sie es schaffen – am besten am Außenrand des Hallenbodens entlang, sodass die Strecke möglichst lang ist.
3. **Geschwindigkeitstraining:**
   Könnt ihr euch schnell bewegen und schnell eine Bewegung nach der anderen machen? Die Kinder probieren das aus.
   Die Kinder rennen. Dann bekommen sie in kurzen Abständen von Ihnen Bewegungsaufträge:
   - Jetzt hoppelt ihr wie ein Hase! • Jetzt legt ihr euch auf den Bauch und robbt voran!
   - Jetzt rennt ihr rückwärts! • Jetzt krabbelt ihr auf allen vieren!
   - Jetzt rennt auf der Stelle! • Legt euch auf den Rücken und zappelt mit den Beinen!

Das große Astronautentraining (2)

ab 3 Jahren

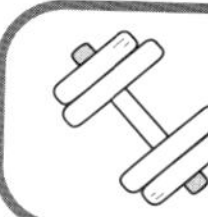

4. Gleichgewichtstraining:
Astronauten müssen ein gutes Gleichgewichtsgefühl haben.
Das sollen die Kinder zusammen üben.
Je nach Gruppenausstattung und Alter/Geschicklichkeit der Kinder sind hier verschiedene Übungen denkbar. Ist ein Balance-Board vorhanden, so kann dies für die älteren Kinder genutzt werden, indem ein Wackelkissen daruntergelegt wird. Eine Turnbank kann für die Kleineren zum Balancieren verwendet werden, für die übrigen Kinder kann eine weitere Turnbank umgedreht werden, sodass sie auf der schmalen Seite balancieren.

5. Schwindeltraining:
Astronauten müssen schwindelfrei sein, da sie hoch über der Erde schweben und insbesondere in der Schwerelosigkeit Gefahr laufen, dass ihnen schwindelig wird. Entsprechende Tests sind deshalb sehr wichtig.
Legen Sie mehrere Springseile hintereinander auf den Boden. Die Kinder drehen sich fünf Mal um sich selbst herum und sollen dann versuchen, an den Seilen entlang durch den Raum zu gehen. Sie finden ihr Gleichgewicht wieder.
Achten Sie eventuell darauf, dass Kinder, denen schwindelig ist, nicht hinfallen.

6. Geschicklichkeitstraining:
In der Raumkabine der Rakete oder der Raumstation ist es sehr schwer, zu essen, zu trinken und Gegenstände irgendwohin zu bringen. Das muss man unbedingt üben.
Die Kinder transportieren eine Murmel auf einem Löffel von der einen zur anderen Seite des Raums. Am Zielort wird die Murmel in eine Schale gelegt.

7. Hüpftraining:
Ein Raumanzug ist sehr steif und es ist mühsam, darin zu gehen. Hüpfen ist da schon einfacher, aber auch das will geübt sein. Deshalb ist es sehr wichtig, dass man gut hüpfen kann, wenn man in den Weltraum starten möchte.
Die Turnringe und Matten werden auf dem Boden verteilt und die Kinder hopsen von einem Ring in den anderen, von einer Matte auf die andere.

8. Landetraining:
Vorsichtiges Landen ist sehr wichtig in der Raumfahrt, damit die Raumkapsel nicht kaputtgeht und sich bei der Landung niemand verletzt.
Jedes Kind nimmt einen Turnring und stellt sich hinein. Nun hält es den Ring von innen und rennt damit ein Stück durch den Raum, bis Sie sagen: „Achtung, wir landen!“ Das Kind hält an und senkt vorsichtig den Ring zum Boden, sodass er sachte aufkommt.

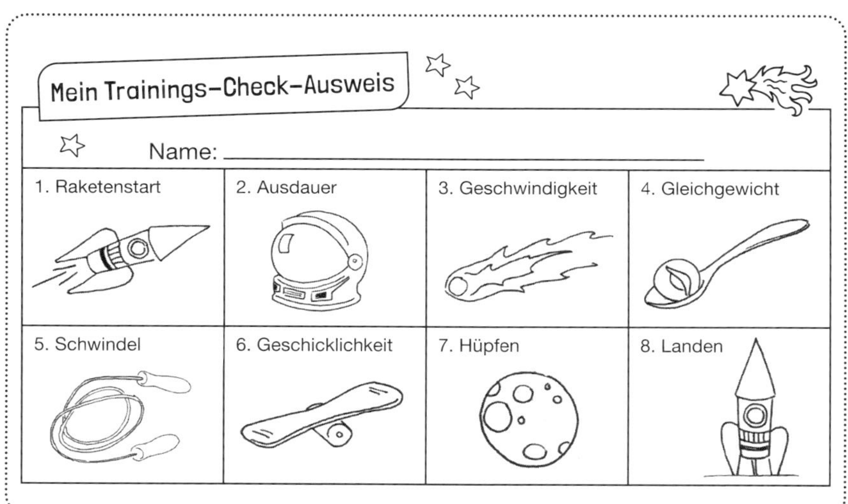

Raketenflug

ab 3 Jahren

Material:
Springseile

Arbeitsanleitung:
Sagen Sie den Kindern, dass sie heute den Flug mit einer Rakete üben.
Die Kinder suchen sich einen Partner oder eine Partnerin und nehmen sich ein Springseil.
Das Springseil ist ihre gemeinsame Raumkapsel, in der sie sich befinden. Sie legen das Springseil um sich herum, halten es fest und machen sich bereit für den Start.
Sie zählen gemeinsam mit den Kindern herunter: **10 – 9 – 8 – 7 – 6 – 5 – 4 – 3 – 2 – 1 – Start!**
Nun rennen die Kinder zu zweit los und halten dabei weiter das Springseil.

Sie machen folgende Ansagen während des Fluges:

- Achtung: Es fliegen viele Kometen von der Fensterseite (z. B.) zu uns herüber, ihr müsst auf die …-Seite ausweichen!
- Achtung: Beim Flug dürfen eure Füße nicht unter dem Springseil herausschauen!
- Achtung: Es gibt eine Erschütterung! Ihr müsst euren Kopf schützen, haltet eine Hand darüber!
- Achtung: Die Maschine ist kaputt! Setzt euch hin und schraubt mit den Händen über eurem Kopf, um die Maschine zu reparieren!
- Achtung: Ein Kometenschauer! Springt mit eurem Raumschiff, um den Kometen auszuweichen!
- Jetzt ist der Mond ganz nah. Ihr könnt landen. Achtet darauf, dass die Landung sachte verläuft! (Die Springseile werden auf dem Boden abgelegt.)
- Jetzt könnt ihr aussteigen und einen Mondspaziergang machen. Hüpft dabei in großen Sprüngen herum, als wäret ihr schwerelos.
- Nun heißt es wieder einsteigen und zurückfliegen!

(Entweder die Übungen noch einmal wiederholen oder neue dazu erfinden)

Tipp:
Wenn Sie das Spiel drinnen spielen, bietet es sich an, auf dem Boden einen Parcours vorzugeben, durch den die Kinder rennen.
Im Freien ist das nicht erforderlich.

Welches Wort ist länger?

ab 5 Jahren

Material:

Arbeitsblatt „Welches Wort ist länger?“ (s. S. 14), Stifte

Arbeitsanleitung:

Sagen Sie den Kindern ein Wort und die Kinder klatschen das Wort silbenweise mit den Händen mit. Dann sagen die Kinder, wie oft sie klatschen mussten.

Astronaut (3)

Raumschiff (2)

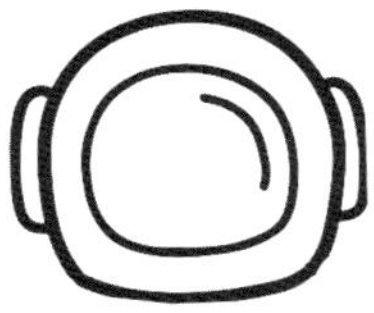

Helm (1)

Rakete (3)

Galaxie (3)

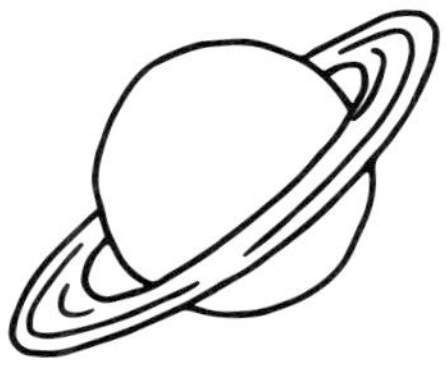

Planet (2)

Mond (1)

Raumanzug (3)

Erde (2)

Sonne (2)

Weitere Wörter zum Klatschen: Schwerelosigkeit (5), Schwindelgefühl (4), Raketenstart (4), Sauerstoff (3), Mondlandung (3), Astronautennahrung (6), schweben (2) starten (2), forschen (2), telefonieren (5).

Anschließend geben Sie den Kindern das Arbeitsblatt mit den einander gegenübergestellten Bildwörtern mit der Aufforderung, das längere der Wortpaare einzukreisen. Dafür sollen die Kinder die Silben gemeinsam mit Ihnen klatschen und wenn sie zum Beispiel zweimal geklatscht haben, zwei der klatschenden Händе unter dem Wort ausmalen.

Welches Wort ist länger?

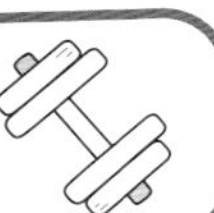

Klatsche die Worte.

Male die Anzahl der Hände an.

Kreise das längere Wort ein.

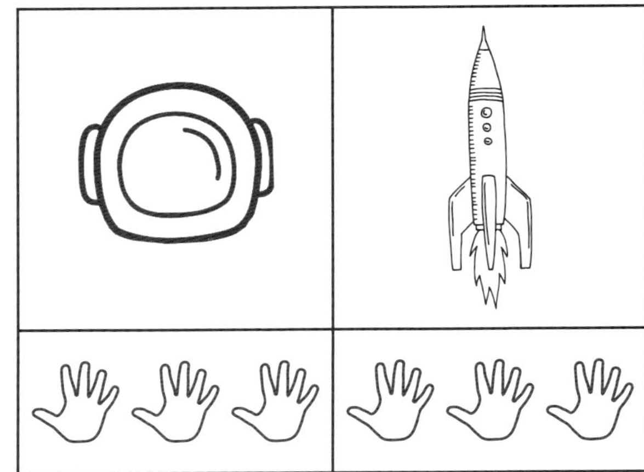
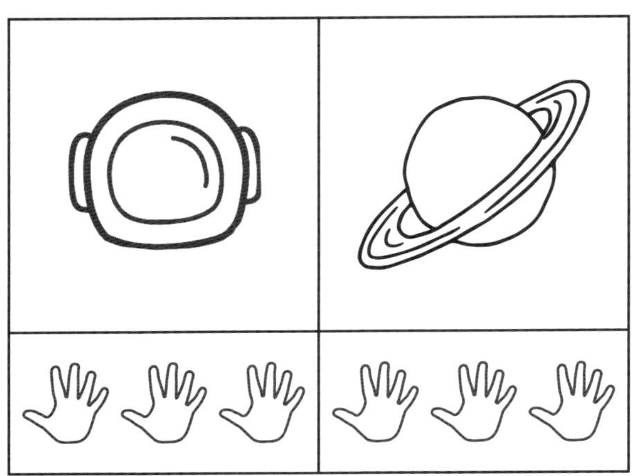

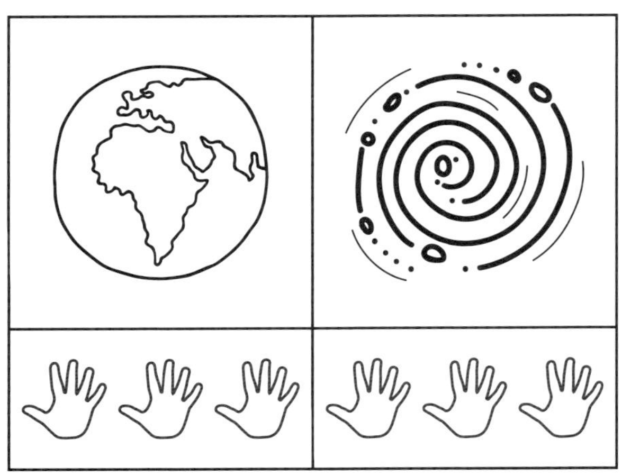

Was essen Astronauten?

ab 3 Jahren

Astronauten können kein normales Essen mit ins All nehmen, sie brauchen Astronautennahrung. Dieses Essen ist besonders reichhaltig, sodass es den Astronauten genug Kraft gibt. Es darf nicht viel Salz enthalten, weil man herausgefunden hat, dass Salz die Knochen von Menschen im Weltraum kaputt machen kann. Und es darf keine Zwiebeln enthalten, damit die Astronauten nicht pupsen müssen. Im Weltraum kann man ja nicht lüften, weil die Fenster immer geschlossen bleiben müssen. Astronautennahrung ist platzsparend in kleine Päckchen verpackt. Jeder Astronaut und jede Astronautin hat eine eigene Ration in kleinen Plastikverpackungen dabei. Die Astronauten fügen etwas Wasser hinzu und das Essen ist fertig.

Astronautenshake für Erdbewohner

Zutaten:
1 Banane pro Kind, 1 Zitrone, Hafermilch, Haferflocken

Arbeitsmittel:
Schüssel, Mixer, Zitronenpresse, Tasse

Zubereitung:
Die Kinder schälen ihre Banane und geben sie in den Mixer. Sie pressen selbst eine Zitrone aus und fügen den Saft hinzu. Pro Kind wird eine halbe Tasse Haferflocken hinzugefügt.

Die Bananen und Haferflocken werden mit einem Mixer püriert, der Zitronensaft (nach Geschmack) hinzugefügt und schließlich die Hafermilch mit hinzugegeben. Alles gut von Ihnen durchgemixt haben die Kinder auf diese Weise einen gesunden Stärkungsdrink.

Rohkostraketen

Zutaten:
Karotten, Kohlrabi oder Gurken, Cherry-Tomaten, Schaschlik-Spieße

Arbeitsmittel:
Brettchen, Messer, Sparschäler

Zubereitung:
Karotten und Gurken in Scheiben schneiden, Kohlrabi schälen und zum Beispiel in Dreiecke schneiden. Die Kinder stechen den Spieß nun als Erstes durch das größte Stück und wechseln die Gemüseart nach Möglichkeit immer ab, während sie sie nacheinander aufspießen. Die Raketenspitze bildet zum Schluss die Cherry-Tomate.

Schwerkraft – ein Experiment

ab 5 Jahren

Materialien:
Ball, Bauklotz, 1 Platt Papier

Vorbereitung:
Legen Sie alle Materialien bereit.

Arbeitsanleitung:
Fragen Sie die Kinder, ob sie schon einmal gehört haben, dass Astronauten im Weltraum schwerelos sind. Was stellen sich die Kinder unter Schwerelosigkeit oder Schwerkraft vor?

Zeigen Sie den Kindern die Schwerkraft auf der Erde, indem Sie einen Bauklotz oder einen kleinen Ball vor den Kindern auf den Boden fallen lassen. Erklären Sie ihnen, dass alles, was wir loslassen, herunterfällt. Die Erde zieht alle Sachen an. Das nennt man Schwerkraft.
Egal, wie schwer etwas ist, es fällt immer gleich schnell herunter. Die Erdanziehung ist immer gleich stark. Lassen Sie nun einen Bauklotz/Ball und ein Blatt Papier gleichzeitig fallen. Fragen Sie die Kinder, was sie beobachtet haben. Das Papier hat länger gebraucht, um auf dem Boden aufzukommen. Das erscheint logisch, da das Papier leichter ist als der Bauklotz. Aber wenn das Papier zerknüllt wird und wieder Papier und Bauklotz/Ball gleichzeitig fallen gelassen werden (bitte vormachen), kommen sie gleichzeitig auf dem Boden an.
Lassen Sie die Kinder vermuten, woran das liegt. Erklären Sie ihnen dann, dass das Papier immer noch so leicht wie vorher ist. Das Papier hatte als flaches Blatt jedoch einen größeren Luftwiderstand. Es wollte nach unten, aber die Luft, die zwischen dem Boden und dem Papier war, hat das Papier gebremst. Als Kugel hat es nicht mehr den gleichen Luftwiderstand und ist dann genauso schnell unten, wie der Bauklotz.

ab 5 Jahren

Schwerelosigkeit

Material:
Zimmertrampolin

Arbeitsanleitung:
Im Weltraum gibt es keine Schwerkraft. Auf dem Mond gibt es sie nur ganz leicht. Wenn wir selbst spüren wollen, wie sich Schwerelosigkeit anfühlt, können wir auf ein Trampolin gehen. Denn während wir frei in der Luft sind, fühlen wir uns genauso, wie die Astronauten in der Schwerelosigkeit. Leider klappt das immer nur einen kurzen Moment. Während wir also auf diese Weise durch die Luft fliegen, sind wir tatsächlich immer schwerelos.

Wenn möglich, gehen Sie mit den Kindern auf ein Trampolin, damit sie eine kleine Schwerelosigkeits-Erfahrung machen können.

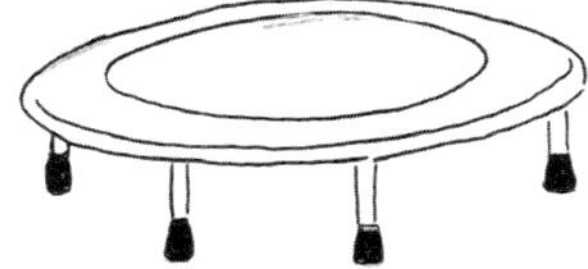

Rückseite Bildkarten (1)

Astronautin

BVK Buch Verlag Kempen

Astronaut auf dem Mond

BVK Buch Verlag Kempen

Rakete beim Start

BVK Buch Verlag Kempen

Rakete im Weltall

BVK Buch Verlag Kempen

Raumstation ISS

BVK Buch Verlag Kempen

Astronautenkapsel landet

BVK Buch Verlag Kempen

Astronaut in der Rakete

BVK Buch Verlag Kempen

Schwerelosigkeit

BVK Buch Verlag Kempen

Bildkarten (1)

Bildkarten (2)

Rückseite Bildkarten (2)

Was passiert wann?

ab 4 Jahren

Material:

Kopiervorlage „Was passiert wann?“, Stifte, Schere, Tonkarton, Klebestift, evtl. Laminiergerät und -folie

Vorbereitung:

Schneiden Sie die Karten für die Kinder aus und kleben Sie sie auf Tonkarton. Malen Sie die Karten gemeinsam mit den Kindern aus. Zur besseren Haltbarkeit können die Karten laminiert werden. Verteilen Sie sie dann durcheinander auf dem Tisch.

Arbeitsanleitung:

Nun sollen die Kinder entweder in der Einzelbeschäftigung oder auch als kleine Gruppe herausfinden, in welcher Reihenfolge das passiert ist, was auf den Karten zu sehen ist. Hierfür werden die Karten nacheinander in die Hand genommen und die Kinder erzählen, was darauf zu sehen ist. Dann sollen sie sich Gedanken machen, welches das erste Bild sein könnte.
Gemeinsam entscheiden die Kinder, in welcher Reihenfolge sie die Karten ablegen. Gehen Sie die Stationen abschließend noch einmal mit ihnen durch.

Variation 1:

Die Karten werden verdeckt ausgelegt. Ein Kind dreht zwei Karten um und überlegt, in welcher Reihenfolge sie richtig abgelegt werden. Das nächste Kind nimmt wieder zwei Karten und sortiert sie in der richtigen Reihenfolge zu den anderen Karten. Sind alle Karten aufgedeckt, können die Kinder gemeinsam prüfen, ob die Reihenfolge stimmt.
Alternativ kann auch nur das erste Kind zwei Karten umdrehen und die anderen Kinder drehen jeweils nur eine Karte um.
Will man das Spiel etwas schwerer spielen, können die Kinder versuchen, die Karten verdeckt zu sortieren. Hierfür werden die Karten nach der Bestimmung der Reihenfolge wieder umgedreht und verdeckt abgelegt. Die Kinder müssen sich nun genau merken, wo welche Karte liegt. Das nächste Kind dreht eine Karte um und versucht, sie zwischen die anderen Karten zu sortieren. Am Schluss prüfen die Kinder wieder, ob die Reihenfolge richtig ist.

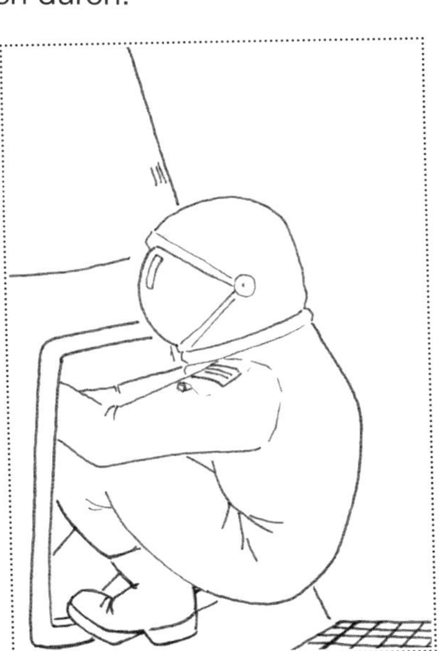

Variation 2:

Die Karten können auch zweimal kopiert werden. Daraus ergibt sich dann ein Memo-Spiel.

Kopiervorlage „Was passiert wann?"

ab 4 Jahren

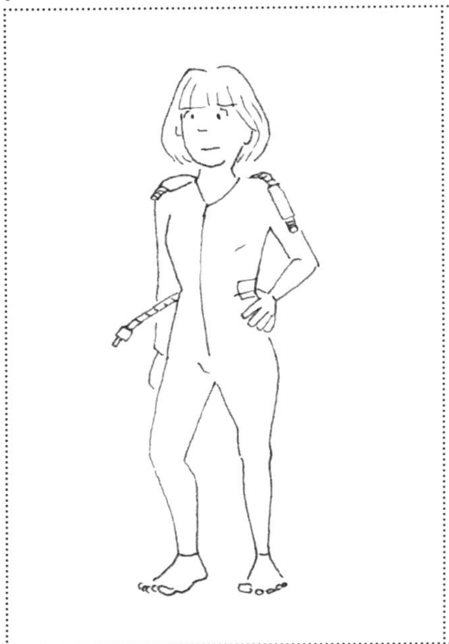

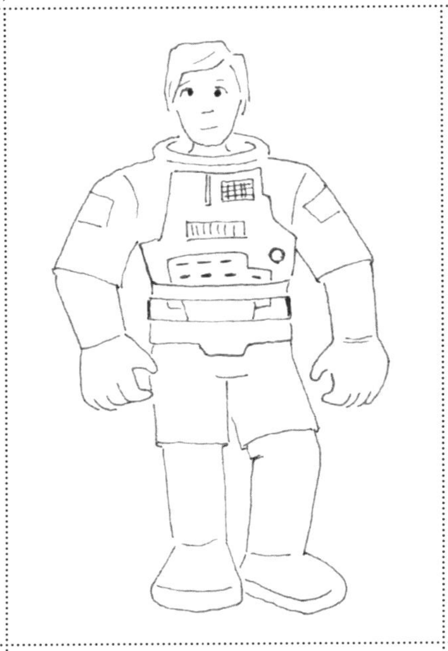

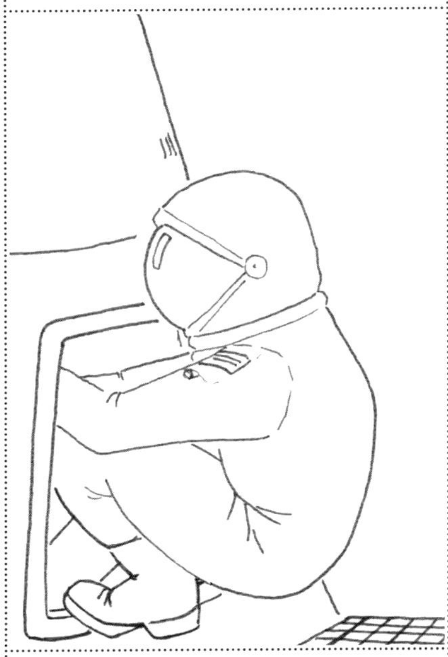

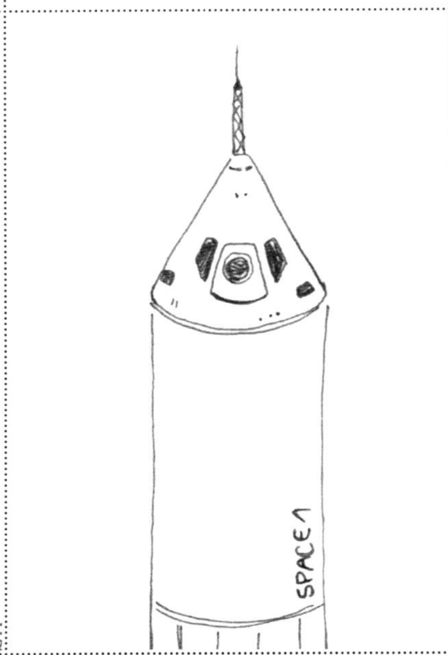

SPACE 1

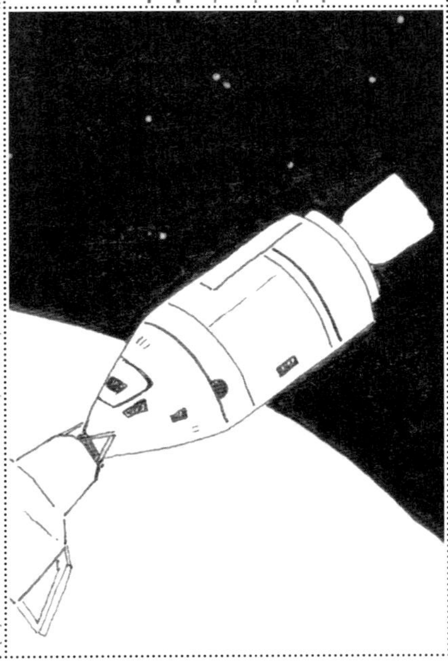

Mondstein-Transporter

ab 3 Jahren

Material:

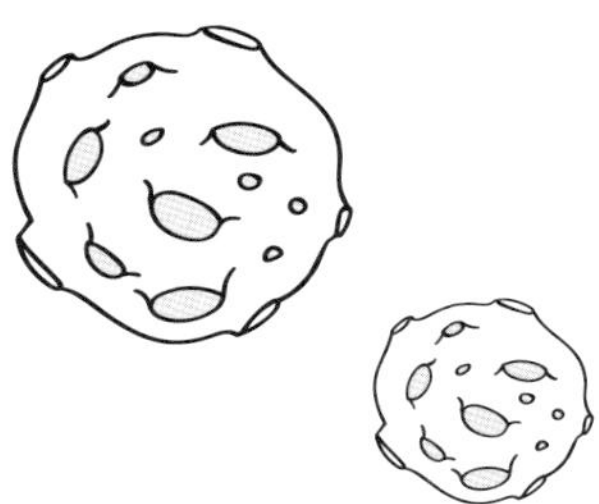

Steine unterschiedlicher Art (z. B. Muggelsteine in unterschiedlichen Farben, kleine Holzklötze, Kieselsteine, geschliffene Steine …), Sandkastenförmchen, kleine Joghurtbecher, Puppengeschirr aus der Puppenküche, besondere Tischdecke (z. B. aus Samt), Schuhkarton oder große Schale

Vorbereitung:

Legen Sie die Samtdecke auf einen Tisch im Gruppenraum und bauen Sie dort einen Schuhkarton oder eine große Schale auf. Das ist das Forschungslabor. Stellen Sie die kleinen Gefäße auf einem anderen Tisch bereit. Hier kommen auch die „Gesteinsproben" (Muggelsteine, Kieselsteine, Holzklötze …) hin.

Arbeitsanleitung:

Sagen Sie den Kindern, dass sie jetzt Mondstein-Transporter spielen. Astronauten haben auf dem Mond Gesteinsproben gesammelt. Diese nahmen sie in der Rakete mit auf die Erde. Die Mondsteine wurden dann in ein Labor transportiert und untersucht.

Heute spielen die Kinder, dass sie selbst auf dem Mond Steine gefunden haben. Diese müssen nun sicher in das Forschungslabor, ohne dass sie etwas anderes berühren oder herunterfallen. Hierfür nimmt sich jedes Kind zuerst eines der Gefäße. Zeigen Sie den Kindern dann die Gesteinsproben und das Forschungslabor.

Nun geben Sie den Kindern verschiedene Aufgaben, die es zu erfüllen gilt, um das Mondgestein in das Forschungslabor zu bringen.

Aufgabenbeispiele:

- Bringe fünf grüne Muggelsteine in unser Labor.
  Das Kind zählt fünf Steine ab, legt sie in sein Gefäß und trägt sie hinüber zum Tisch.
- Bringe zwei Kieselsteine in unser Labor.
  Das Kind zählt zwei Steine ab, legt sie in sein Gefäß und bringt dann die Steine zum Tisch.
- Bringe zehn Holzklötze in unser Labor.
  Das Kind legt zehn Holzklötze in sein Gefäß und bringt sie zum Tisch.

Beispiel für die Größeren:

- Bringe drei grüne Muggelsteine, zwei Kieselsteine und vier Holzklötze in unser Labor.

Das Projekt ist beendet, wenn alle kleinen Wissenschaftler*innen ihre Proben gesammelt und abgegeben haben.

Ich sehe die Welt von oben wie eine Astronautin

ab 5 Jahren

Raketenflug

Könnt ihr herausfinden, welche Gegenstände die Astronautin gesehen hat?

Verbinde die richtigen Bilder miteinander!

SAF

Raketenflug mit Luftballons

ab 3 Jahren

Material:
bunte Luftballons, die sich leicht aufpusten lassen

Arbeitsanleitung:
Erklären Sie den Kindern, dass eine Rakete ganz schön viel Kraft braucht, um erst einmal richtig weit von der Erde und aus unserer Atmosphäre heraus in den Weltraum katapultiert zu werden. Um schneller zu werden, braucht es eine Kraft, die die Rakete nach vorne drückt.
Schauen Sie sich dann gemeinsam diese Kraft am Beispiel eines Luftballons an. Der Luftballon erzeugt diese Kraft, indem er Luft von sich wegdrückt.
Genauso macht das auch eine Rakete – aber da entweicht keine Luft durch die Raketendüse, sondern heißes Gas. Das hat viel mehr Druck als die Luft in einem Luftballon und erzeugt viel mehr Kraft. Das heiße Gas entsteht im Inneren der Rakete durch die Verbrennung von Treibstoff. Davon wird in einer Rakete sehr viel benötigt. Deshalb gibt es verschiedene Treibstofftanks, die Stufen genannt werden.
Wenn der erste Treibstofftank, der zum Abheben benötigt wird, leer ist, fällt er von der Rakete ab. Die Rakete zündet dann Stufe 2 und wird weiter bis ins All befördert. Und die dritte Stufe bringt die Astronauten dann bis zum Mond.

Sie pusten gemeinsam mit den Kindern möglichst viele Luftballons auf.
Diese werden zugehalten und dann zählen Sie herunter:

5 – 4 – 3 – 2 – 1 – Null!

Nun werden die Luftballons losgelassen und sausen durch die Luft. Wenn Sie das draußen machen können, dann bietet es sich an, auch einmal zu schauen, wie weit die Luftballons es schaffen.
Die Kinder können auch versuchen, die Raketen einzufangen. Das macht Spaß und bringt Bewegung in die Gruppe.

Wer war der erste Mensch auf dem Mond?

ab 3 Jahren

Infotext:

Am 21. Juli 1969 betritt Neil Armstrong als erster Mensch den Mond. 20 Minuten späterfolgt ihm Buzz Aldrin und sie rammen gemeinsam eine amerikanische Flagge in den Boden des Mondes.
Neil Armstrong wurde 1930 geboren.
Er leitete die Mission der Apollo 1 und unterrichtete nach seinem Mondflug Studierende. Er war außerdem als Spezialist zum Thema Weltraum und Raumfahrt in der Öffentlichkeit sehr gefragt.
Später ging er in die Industrie und verdiente mit seinen Unternehmen viel Geld.
2012 starb er, er wurde 82 Jahre alt.

ab 3 Jahren

Ausmalbild „Auf dem Mond"

Traumreise durch den Weltraum (1)

ab 3 Jahren

Mondlandung

Material:

Decken, Matten

Vorbereitung:

Sorgen Sie dafür, dass der Gruppenraum für die Zeit dieser Übung ungestört bleibt. Hängen Sie ggf. ein Schild mit „Bitte nicht stören“ an die Tür. Wenn möglich dunkeln Sie den Raum dann ein wenig ab, zum Beispiel mit Vorhängen. Es muss nicht komplett dunkel sein, aber die Kinder sollten nicht von der Sonne geblendet werden. Legen Sie für jedes Kind eine Matte und eine Decke bereit.

Arbeitsanleitung:

Lesen Sie den folgenden Text mit ruhiger und langsamer Stimme vor.

Vorlesetext:

Legt euch auf den Rücken. Versucht dabei, eine gemütliche und bequeme Position zu finden. Eure Beine sind ausgestreckt, eure Arme liegen neben euch, eure Handflächen schauen nach oben.

Wir wollen heute eine Traumreise in den Weltraum machen. Dafür brauchen wir natürlich viel Sauerstoff. Atmet einmal ganz tief durch die Nase ein und ganz tief durch den Mund wieder aus. Sehr gut! Und noch einmal: Tief durch die Nase ein und langsam durch den Mund wieder aus. Merkt ihr schon, wie euer Körper sich entspannt? Atmet jetzt noch einmal durch die Nase ein, durch den Mund aus, und schließt dabei die Augen. Nun haben wir genug Sauerstoff und die Traumreise kann beginnen.

Du bist in der Kapsel einer Rakete und wartest auf den Start. Mit dir sind noch zwei weitere Menschen an Bord, ihr wartet auf den Countdown. Da hört ihr es:

10 – 9 – 8 – 7 – 6 – 5 – 4 – 3 – 2 – 1 – Null!

Die Motoren rauschen und trotz der Kopfhörer, die du auf den Ohren hast, ist es unglaublich laut. Du wirst ins All katapultiert. Doch schon bald nach dem starken Druck merkst du, dass du schwerelos bist und in der Kapsel herumschweben kannst. Eine schöne Leichtigkeit macht sich in deinem ganzen Körper breit. Du merkst, dass deine Arme ganz leicht sind. Auch deine Beine und dein Rücken sind ganz entspannt. Du machst einen kleinen Purzelbaum in der Luft. Federleicht bist du.

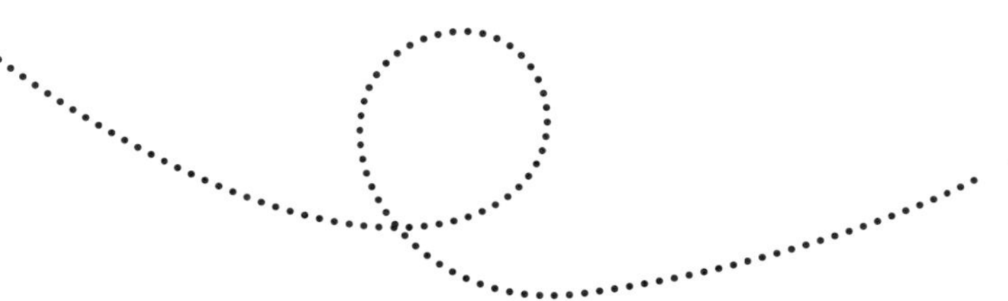

Traumreise durch den Weltraum (2)

ab 3 Jahren

Durch das Fenster der Raumfähre kannst du die Erde sehen, eine leuchtende blaue Kugel unter euch. Du kannst Berge und Meere erkennen. Die Erde wird kleiner und kleiner. Als du in die andere Richtung schaust, siehst du den Mond näher kommen. Bald werdet ihr landen. Du kannst schon die Oberfläche des Mondes erkennen und du siehst einige Krater.

Die Raumfähre landet und ihr zieht euch die Raumanzüge an. Wie in Watte gepackt fühlst du dich. Immer noch ist alles so leicht. Als ihr aussteigt, machst du einen kleinen Sprung und du fliegst dabei überraschend weit in die Höhe. Immer noch bist du so viel leichter als auf der Erde. Du machst einen Mondspaziergang und stellst dir vor, wie es wäre, jetzt die Mondbewohner und Mondbewohnerinnen zu treffen.
Aber die gibt es gar nicht. Daher hüpfst du mit den anderen beiden Astronauten ein wenig herum. Ihr sammelt ein paar Mondsteine ein, damit ihr sie später untersuchen könnt. Dann ist es Zeit, wieder aufzubrechen. Zurück in der Raumkapsel zieht ihr eure Anzüge wieder aus. Du schiebst deine Füße in eine Halterung, damit du nicht wegschwebst von der Steuerung, mit der du euch alle wieder zurück zur Erde lenken willst.

Ihr fliegt zur Erde zurück. Noch immer fühlst du dich ganz leicht. Die Erde kommt näher und näher und du freust dich schon darauf, deine Familie wiederzusehen, die auf der Erde auf dich gewartet hat.
Die Raumkapsel setzt ganz sanft auf. Als ihr gelandet seid, wartet eine große Menschenmenge auf euch und klatscht.
Du steigst aus der Raumkapsel aus. Das ist gar nicht so einfach, denn plötzlich bist du wieder ganz schwer geworden.
Jemand vom Team hilft dir und stützt dich, damit du nicht stolperst.
Deine Mama und dein Papa schließen dich in die Arme. Du atmest tief ein, damit du wieder genug Sauerstoff hast, und genießt es, den Himmel über dir zu sehen. Die Traumreise ist zu Ende.

Du öffnest deine Augen. Du reckst und streckst dich, du bewegst deine Finger und deine Zehen. Dann setzt du dich langsam auf und genießt noch das Gefühl der Leichtigkeit in dir.

Finde die richtige Flugstrecke der Rakete zum Mond!

ab 5 Jahren

Finde den richtigen Weg.
Zeichne den Weg ein.

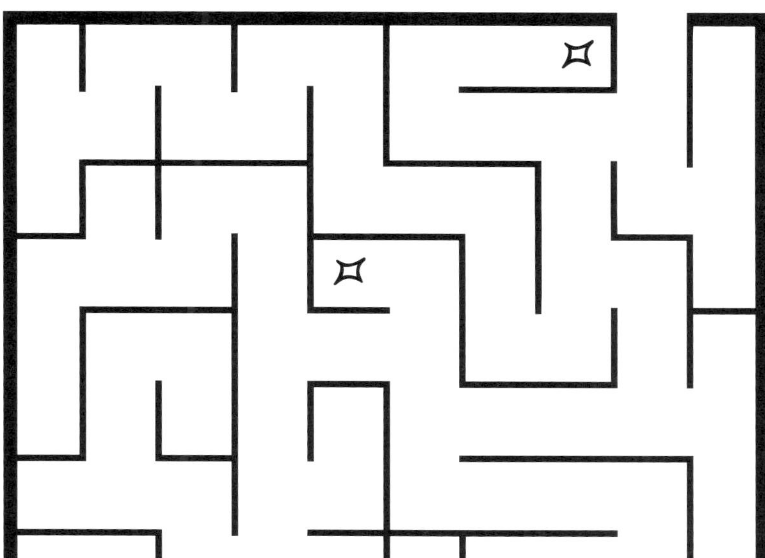

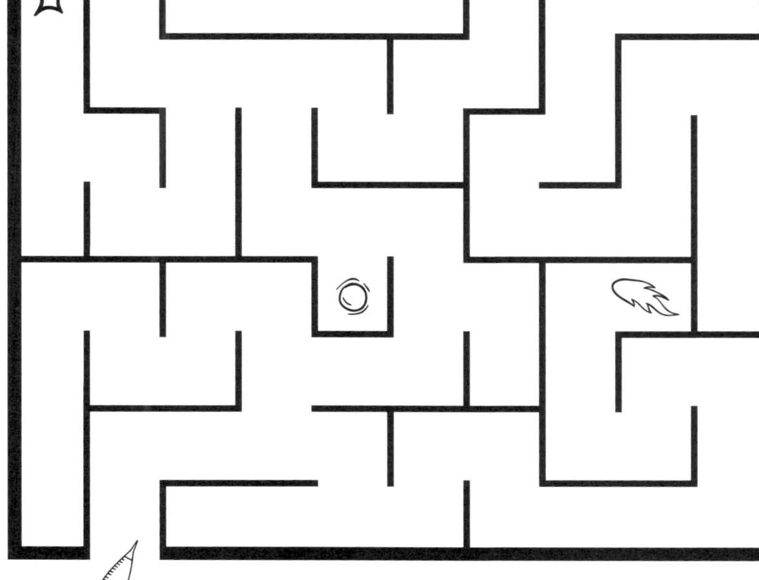

Meteoritenbild

ab 2 Jahren

Material:

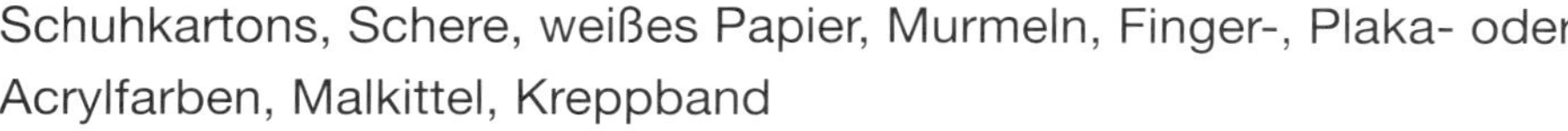

Schuhkartons, Schere, weißes Papier, Murmeln, Finger-, Plaka- oder Acrylfarben, Malkittel, Kreppband

Vorbereitung:

Besorgen Sie einige Schuhkartons und bringen Sie sie mit in die Gruppe.
Je nach Anzahl der vorhandenen Schuhkartons können die Kinder nacheinander oder gleichzeitig ein Meteoritenbild entstehen lassen.
Schneiden Sie Papier so zu, dass die Blätter in die Schuhkartons und in die Deckel passen.

Arbeitsanleitung:

Fragen Sie die Kinder, ob sie wissen, was ein Meteorit ist. Meteoriten sind Steinbrocken, die aus dem All kommen und auf der Erde einschlagen. Manchmal hinterlassen sie dabei riesige Krater. Solange sie durch das Weltall fliegen, heißen sie eigentlich Meteoroiden. Den wilden Flug der Meteoroide können die Kinder in einem Bild nachmachen.
Die Kinder ziehen ihre Malkittel an und setzen sich an den Tisch. Jedes Kind wählt zwei bis drei verschiedene Farben aus. In jeden Schuhkarton und in jeden Schuhkartondeckel wird nun ein Blatt Papier gelegt, das an der Rückseite mit etwas Kreppband festgeklebt wird, damit es später nicht verrutscht.
Sie machen mit den ausgewählten Farben drei Kleckse auf das Papier (Durchmesser etwa 1 cm). Nun kann der Meteorit losfliegen: Die Kinder legen die Murmel in den Schuhkarton oder den Schuhkartondeckel und lassen sie durch Hin- und Herkippen des Deckels hin- und hersausen. Dabei nimmt die Murmel Farbe mit und verteilt sie linienförmig im Deckel.
Ein buntes Kunstwerk entsteht, das sich sehen lassen kann.
Vorsichtig werden die Bilder aus dem Deckel oder dem Karton entfernt.
Die fertigen Meteoritenbilder werden an einen Ort gelegt, wo sie trocknen können.
Sind sie getrocknet, dürfen die Kinder sie mit nach Hause nehmen.

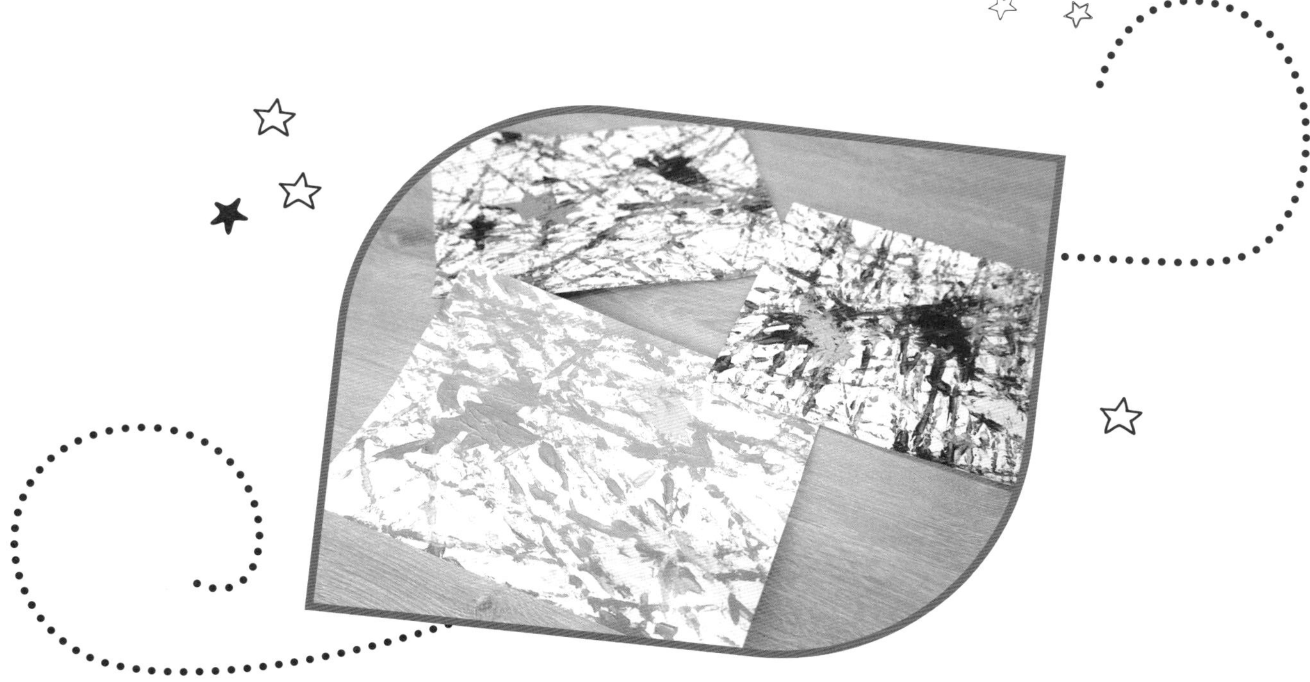

Planeten-Farbspiel

Material:
Kopiervorlage „Planetenkreis“ (s. u.), weißer oder farbiger Tonkarton, Bleistift, Schere, Filzstifte, verschiedenfarbige Matten oder Seile (passend zu den Planetenkreisen)

Vorbereitung:
Schneiden Sie die Kopiervorlage „Planetenkreis“ aus und übertragen Sie sie mehrfach auf weißen Tonkarton. Die Planetenkreise werden ausgeschnitten und in acht Farben (rot, blau, gelb, orange, grün, lila, schwarz und weiß) angemalt. Alternativ können Sie die Kopiervorlage auch auf Tonkarton in den entsprechenden Farben übertragen.
Außerdem bereiten Sie Kreise auf dem Boden des Turnhallenraumes oder eines anderen größeren Raumes vor – entweder verschiedenfarbige Matten oder Schnüre in den entsprechenden Farben, die ein rundes Feld bilden. Der Durchmesser der Kreise auf dem Boden ist etwa 80 cm bis 1 m, je nachdem, welche Möglichkeiten Sie haben.

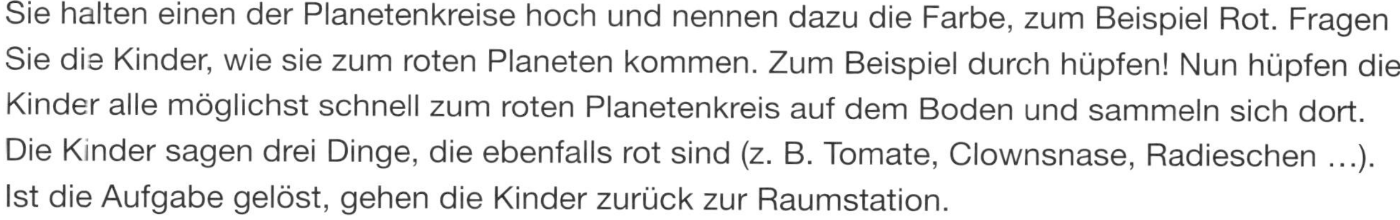

Arbeitsanleitung:
Die Kinder sammeln sich an einer Seite des Raumes. Dies ist die Raumstation. Von hier aus werden einzelne Flüge zu den Planeten gemacht. Die Kinder sollen gut aufpassen, wohin es gehen soll.
Sie halten einen der Planetenkreise hoch und nennen dazu die Farbe, zum Beispiel Rot. Fragen Sie die Kinder, wie sie zum roten Planeten kommen. Zum Beispiel durch hüpfen! Nun hüpfen die Kinder alle möglichst schnell zum roten Planetenkreis auf dem Boden und sammeln sich dort. Die Kinder sagen drei Dinge, die ebenfalls rot sind (z. B. Tomate, Clownsnase, Radieschen …). Ist die Aufgabe gelöst, gehen die Kinder zurück zur Raumstation.
Halten Sie die nächste Farbe hoch und benennen Sie sie. Mit einer neuen Bewegungsform reisen die Kinder zum nächsten Planeten und nennen wieder drei Dinge, die sie kennen und die blau sind. So geht es weiter mit den Farbkreisen und der Bewegung hin zu den anderen Planeten. Das Spiel kann so lange gespielt werden, bis den Kindern keine Dinge mehr einfallen.

Beispiele für Bewegungsideen:
rennen, hüpfen, rückwärts gehen, Riesenschritte machen, krabbeln, Gänseschritte (Fuß vor Fuß), schleichen, stampfen …

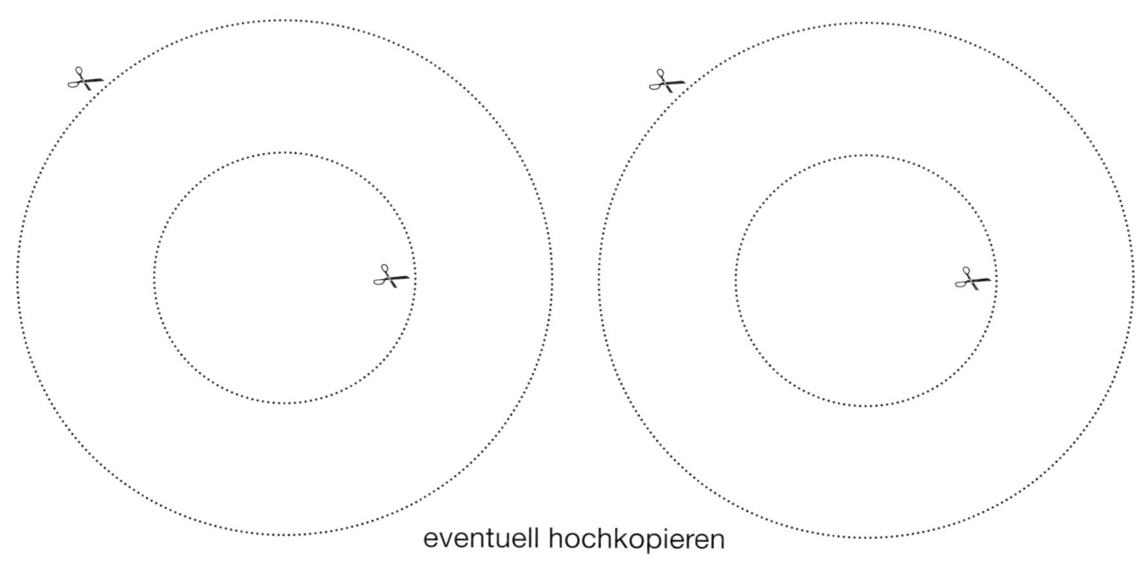

eventuell hochkopieren

Filzplaneten-Mobile

ab 5 Jahren

Material:
mehrere Schüsseln, Filzwolle in acht verschiedenen Farben, Kernseife, Wasser, 1 Holzring (ca. 30 cm Durchmesser), Malkittel, Nadel und Faden

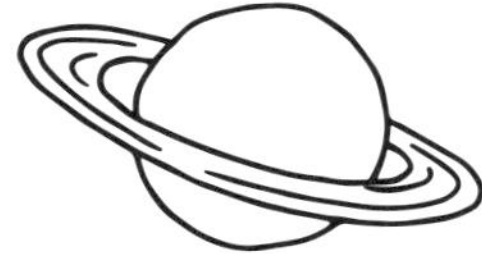

Vorbereitung:
Bereiten Sie einige Schüsseln mit Seifenlauge vor. Geben Sie etwas Kernseife und Wasser in die Schüsseln. Die Kinder sollten unbedingt Malkittel tragen.

Arbeitsanleitung:
Zur Einleitung können Sie den Kindern den Merksatz verraten, mit dem sie sich die acht Planeten gut merken können, sogar in der richtigen Reihenfolge von der Sonne aus gesehen. Er lautet: „Mein Vater erklärt mir jeden Sonntag unseren Nachthimmel.“
Jeweils die Anfangsbuchstaben verweisen auf einen Planeten angefangen mit Merkur über Venus, Erde, Mars, Jupiter, Saturn und Uranus bis hin zu Neptun. So können sie sich immer wieder an die Planeten erinnern.

Nun können Sie mit den Kindern die Planeten filzen. Auch eine Sonne kann gefilzt werden. Damit verschiedene Größen hergestellt werden, achten Sie darauf, dass einige Kinder kleine Kugeln filzen, andere sich jedoch an größere heranwagen.

Setzen Sie sich mit den Kindern an einen großen Basteltisch, auf dem mehrere Schüsseln mit Seifenlauge stehen. Die Kinder ziehen die Malkittel an und machen die Hände in der Seifenlauge nass. Sie nehmen sich etwas Filzwolle in der Farbe ihrer Wahl und machen sie ebenfalls einmal in der Seifenlauge nass. Dann wird das meiste Wasser herausgedrückt und danach die Wolle in den Händen zu einer kleinen Kugel gerollt. Die Kugel sollte so lange gerollt werden, bis sie sich nicht mehr weich anfühlt. Dann kann eine weitere Lage Filzwolle um die Kugel gelegt und diese erneut gerollt werden. Sagen Sie den Kindern, dass es Geduld braucht, bis die Planeten geformt sind, und dass es wichtig ist, darauf zu achten, dass wirklich eine Kugel gerollt und die Form nicht zu platt wird. Werden die Kugeln beim Rollen zu trocken, wird mit der Seifenlauge nachgefeuchtet.

Sind alle Kugeln fertig gefilzt, werden sie mehrmals mit klarem Wasser ausgespült, um die Seifenreste zu entfernen. Dann legen Sie die Kugeln an einen Ort zum Trocknen. Sind sie fertig getrocknet, fädeln Sie sie auf, indem Sie mit einer Nadel hindurchstechen und auf einer Seite einen Knoten machen. Auf der anderen Seite bleibt der Faden lang und wird an einem Holzring befestigt. Nun nehmen Sie die aufgefädelten Kugeln und hängen Sie an den Holzring.

Wir reisen zu den Planeten – ein Würfelspiel

für 4 Spieler

ab 3 Jahren

Material:

Kopiervorlage Spielplan „Planetenreise“ (s. S. 34), Schere, Bunt- oder Filzstifte, Kleber, Kopiervorlage „Roboter“, Würfel

Vorbereitung:

Bereiten Sie für dieses Spiel den Spielplan vor – kopieren Sie ihn und malen Sie ihn (auch gerne gemeinsam mit den Kindern) an. Kopieren Sie die Spielfiguren. Auch diese werden ausgeschnitten und angemalt. Dann werden die Spielfiguren an der gestrichelten Linie geknickt und die Spielfigureninnenseiten aneinandergeklebt. Die beiden unteren Flächen werden nach außen geknickt, sodass die Spielfiguren stehen können.

Vorbesprechung:

Bisher sind die Menschen nur zum Mond geflogen. Die Planeten in unserem Sonnensystem haben wir noch nicht besucht.
Auf dem Mars haben die Menschen schon einige Roboter-Fahrzeuge abgesetzt. Die Roboter haben dann den Boden untersucht und Fotos von der Marsoberfläche gemacht. Eines der Roboter-Fahrzeuge war der *Mars Curiosity Rover.* Zur Sonne können die Menschen gar nicht reisen, da wäre es viel zu heiß.
In echt können wir zwar nicht auf all diese Planeten reisen, aber in unserem Würfelspiel klappt es.

Arbeitsanleitung:

Die Kinder setzen sich um einen Tisch herum. Jedes Kind erhält einen kleinen Roboter.
Reihum wird nun gewürfelt. Wer die höchste Zahl hat, beginnt.
Alle Roboter werden auf das Startfeld gestellt, die Raumstation auf der Erde.
Nun würfeln die Kinder reihum und ziehen ihre Spielfigur entsprechend der Augenzahl voran.
Wer zuerst alle Planeten besucht und es bis zur Sonne geschafft hat, hat gewonnen.

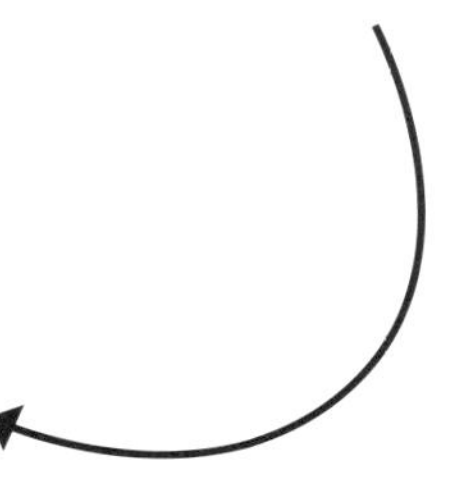

Kopiervorlage „Roboter“

Planetenreise

Ziel

Start

BVK

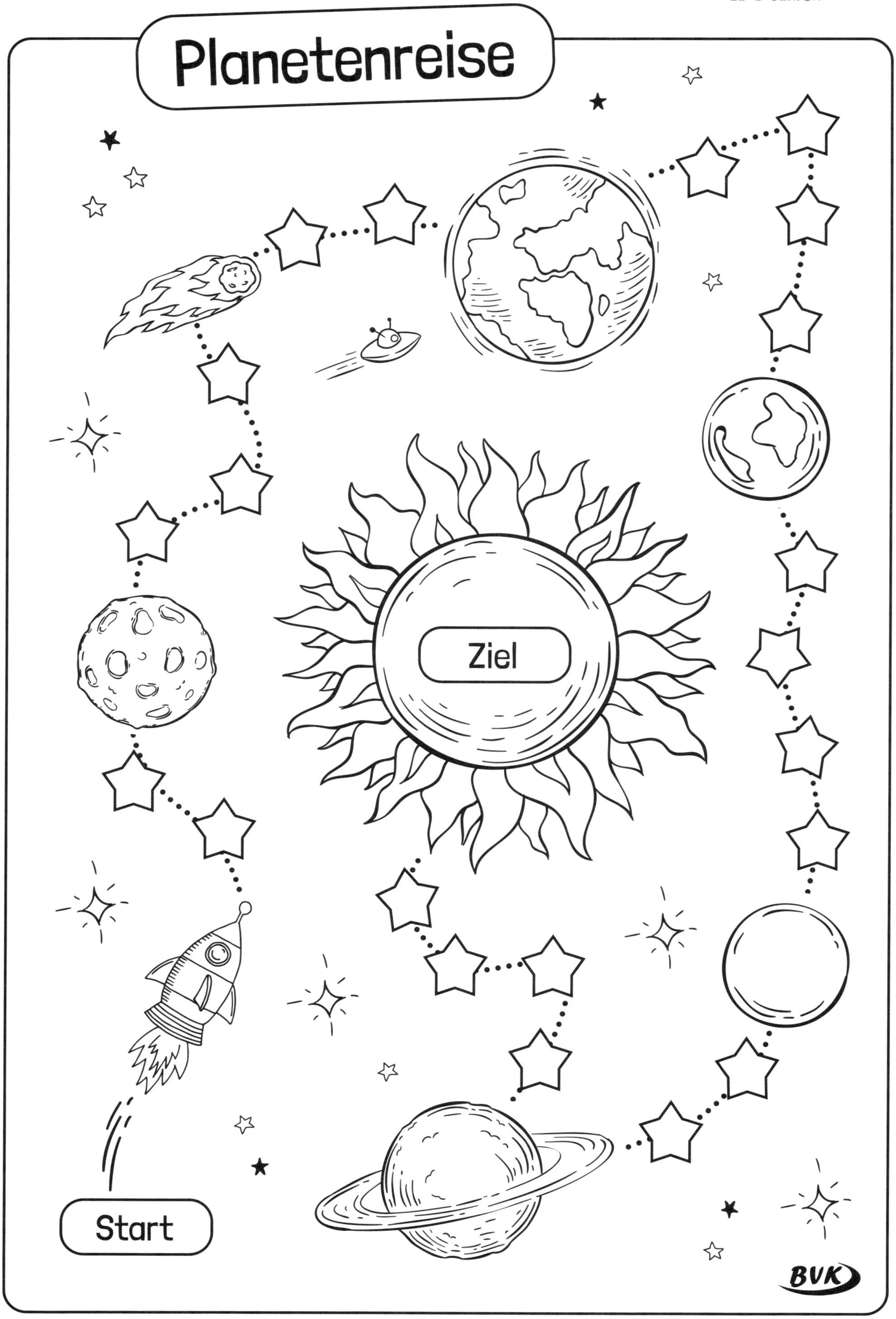

Mein erstes Fernglas

ab 3 Jahren

Material:
je Kind 2 Papprollen (z. B. Klopapierrollen), Büroklammern, Wolle, Schere, Fingerfarben oder Wasserfarben, Prickelnadel, Pinsel

Arbeitsanleitung:

1. Die beiden Papprollen werden nebeneinandergelegt und mit zwei Büroklammern jeweils oben und unten aneinandergesteckt.
2. Schneiden Sie für jedes Kind ein Stück Wollfaden ab. Messen Sie hierfür zuvor ab, wie lang der Faden ungefähr sein muss, damit das Fernglas vor der Brust der Kinder hängt. Stechen Sie mit einer Prickelnadel rechts und links zwei Löcher in die Papprollen, sodass der Wollfaden von außen nach innen hindurchgezogen werden kann. Machen Sie jeweils einen dicken Knoten auf der Innenseite jeder Rolle.
3. Nun können die Kinder ihre eigenen Ferngläser mit Fingerfarben oder der Wasserfarbe bunt anmalen.
   Mit ihren Ferngläsern können die Kinder den Himmel und die Sterne beobachten. Geben Sie Ihnen dabei den Hinweis, niemals direkt in die Sonne zu schauen, da das die Augen kaputt macht.

ab 3 Jahren

Kometenflug

Material:
je Kind 1 Bierdeckel, Filz- und Buntstifte oder andere Malfarben, Kreppbänder in verschiedenen Farben, Schere, Tacker, Büroklammern

Arbeitsanleitung:

1. Jedes Kind bekommt einen Bierdeckel und malt ihn bunt an.
2. Dann werden je Kind etwa drei Kreppbänder in verschiedenen Farben abgeschnitten. Die Kreppbänder werden an den Bierdeckeln festge-tackert, geklebt oder mit Büroklammern am Bierdeckel festgeklemmt.
3. Nun können die Kinder ihre eigenen Kometen durch die Luft werfen. Sie ziehen einen schönen Sternenschweif hinter sich her. Das macht auch den Kleinsten Spaß!

Sternschnuppenwünsche

ab 3 Jahren

Material:
evtl. ein Memo-Spiel

Arbeitsanleitung:
Fragen Sie die Kinder, ob sie schon einmal eine Sternschnuppe am Himmel gesehen haben. Eine Sternschnuppe sieht aus wie ein heller Lichtstreif, der über den Himmel saust. Wissen alle Kinder, was eine Sternschnuppe ist?

Durch das Weltall sausen viele Objekte, die manchmal sehr klein, manchmal aber einige Meter groß sind. Sie können beispielsweise Teile eines Kometen sein. Diese Objekte werden Meteoroide genannt.
Sehr häufig treten Meteoroide in die Erdatmosphäre ein. Das ist die Luftschicht, die die Erde umhüllt. Wenn ein Meteoroid in diese Atmosphäre eintritt, hat er plötzlich einen Luftwiderstand. Es wird sehr heiß und kleine Gesteinsstücke verglühen. Meistens sehen wir das auf der Erde gar nicht, aber wenn die Nacht sternenklar ist und wir gerade im richtigen Moment in den Himmel blicken, sehen wir manchmal einen hellen Streif am Himmel. Diesen Streif nennen wir Sternschnuppe.
Manche Leute glauben, dass man sich etwas wünschen darf, wenn man eine Sternschnuppe am Himmel sieht. Mit diesem schönen Brauch wollen wir heute ein Spiel machen.

Spielvariante ab 3 Jahren:
Das Sternschnuppen-Spiel wird nach dem Prinzip „Ich packe meinen Koffer“ gespielt. Wenn Sie es mit kleineren Kindern spielen möchten, könnten Sie zum Beispiel ein Memo-Spiel dazunehmen, auf dem passende Gegenstände abgebildet sind. Das erste Kind nimmt sich ein Kärtchen und sagt: „Ich wünsche mir ein ...“. Nun nehmen sich die Kinder reihum immer ein Kärtchen, nennen die bisherigen Gegenstände und fügen ihren Gegenstand hinzu. Sie können jeweils bei den anderen Kindern schauen, welche Kärtchen sie vor sich liegen haben. So ist es leichter, sich zu merken, was die anderen Kinder im Verlauf des Spiels genannt haben.

Spielvariante ab 5 Jahren:
Nach dem Prinzip „Ich packe meinen Koffer“ wird auch das Spiel in der Variante für ältere Kinder gespielt. Die Kinder nennen reihum im Stuhlkreis ihre Wünsche.
Das erste Kind beginnt und sagt zum Beispiel: „Ich wünsche mir eine Tafel Schokolade“.
Das zweite Kind wiederholt den ersten Wunsch und fügt dann seinen eigenen Wunsch hinzu, zum Beispiel: „Ich wünsche mir eine Tafel Schokolade und ein Kaninchen.“
Das dritte Kind sagt beispielsweise: „Ich wünsche mir eine Tafel Schokolade, ein Kaninchen und ein Buch über Astronauten.“
So wird es dann weitergespielt.